SOCIÉTÉ D'ANTHROPOLOGIE DE LYON
— SÉANCE DU 8 JUIN 1891 —

RECHERCHES ANTHROPOLOGIQUES
SUR LES
AISSORES
OU
CHALDÉENS ÉMIGRÉS
EN ARMÉNIE

PAR

M. ERNEST CHANTRE

LYON
IMPRIMERIE PITRAT AÎNÉ
Alexandre REY, Successeur
4, RUE GENTIL, 4

1891

RECHERCHES ANTHROPOLOGIQUES

SUR LES

AÏSSORES

OU

CHALDÉENS ÉMIGRÉS

EN ARMÉNIE

Aïssores ou Chaldéens.

SOCIÉTÉ D'ANTHROPOLOGIE DE LYON
— SÉANCE DU 8 JUIN 1891 —

RECHERCHES ANTHROPOLOGIQUES
SUR LES
AÏSSORES
OU
CHALDÉENS ÉMIGRÉS
EN ARMÉNIE

PAR

M. ERNEST CHANTRE

LYON
IMPRIMERIE PITRAT AINÉ
Alexandre **REY**, Successeur
4, RUE GENTIL, 4

1891

SOCIÉTÉ D'ANTHROPOLOGIE DE LYON
— SÉANCE DU 8 JUIN 1891 —

RECHERCHES ANTHROPOLOGIQUES
SUR LES
AÏSSORES OU CHALDÉENS ÉMIGRÉS
EN ARMÉNIE

ETHNOGÉNIE ET ETHNOGRAPHIE

On désigne, au Caucase, sous le nom d'Aïssores un petit peuple originaire des régions du lac d'Ourmiah en Perse et des monts Zaab en Turquie, où ils existent depuis des siècles, et où ils vivent au nombre de quelques mille. Ils sont connus dans leur pays sous le nom de Chaldéens, de Nestoriens, ou de Nazaréens. Ils se nomment eux-mêmes Chaldéens. Le nom d'Aïssore leur vient, dit-on, des Arméniens.

C'est à la suite de la guerre russo-perse de 1827 que cent familles demandèrent la permission d'émigrer en Russie, à cause des vexations sans nombre qu'ils avaient à subir de la part des Persans.

La permission reçue, elles quittèrent pour toujours la Perse, sous la conduite de leur chef Allah Verdi Toumayeff, et à partir de 1830, quelques centaines d'individus abandonnèrent les villages de Soupourgan, Mongelara, Inguidja, Koradjaloni, Nazi et Gouytapa.

Allah Verdi Toumayeff était un vénérable patriarche qui avait su gagner la confiance de tous par ses vertus et son courage à défendre l'indépendance de ses compatriotes.

Ces émigrés vinrent d'abord se fixer dans les environs de Nakhtchevan, mais trois ans plus tard, espérant trouver mieux au point de vue du climat et des terres, ils se transportèrent dans le district de Choucha, où ils vécurent durant une dizaine d'années dans le village de *Terter*. Mais, à la suite d'une épidémie de diphtérie, ils émigrèrent de nouveau, et se dirigèrent dans le district d'Érivan. Ainsi ballottés, ces malheureux s'arrêtèrent dans la contrée où ils arrivèrent tout d'abord. Et, après avoir franchi les énormes montagnes du Karabagh et du Zanguezour ils se fixèrent dans la plaine basse, humide et chaude de la malsaine région de Kamarlou, dans le village Agalezalon, puis dans celui de Douzorm.

En 1840, enfin ils obtinrent des Tatars, qui habitent actuellement Char-Kend, un de leurs anciens villages, celui de Koylassar, qu'ils abandonnèrent sans doute à cause de sa position déplorable dans des marais pestilentiels.

En dehors de ce village, où ils sont actuellement au nombre de 1000 à 2000 et de la région de Kamarlou, où l'on en trouve également quelques centaines, c'est à Tiflis que l'on rencontre le plus grand nombre d'Aïssores.

Ils viennent à la grande ville exercer le métier de *moucha* (portefaix) et surtout porteurs d'eau, et les femmes celui de blanchisseuses et de lingères.

Contrairement aux peuples des régions qu'ils habitaient, et qui sont, à part les Arméniens et les Juifs, presque tous nomades ou demi-nomades, ils sont sédentaires. Sur certains points ils élèvent des troupeaux qui sans avoir l'importance de ceux de leurs voisins nomades, leur permettent de vivre convenablement. La situation de leurs terres leur permet plutôt l'élevage des chevaux et des buffles que celui des moutons. En Arménie et particulièrement à Koylassar, les Aïssores cultivent avec soin les céréales, le coton, la vigne, le tabac, les melons, les concombres, etc., et dans leurs jardins qu'ils entretiennent avec amour, on voit de nombreux légumes européens au milieu desquels croissent de beaux arbres fruitiers. Les plus fréquents sont les pêchers, les abricotiers et les cerisiers. Les Aïssores n'étant pas mahométans boivent du vin, mais ils ne le fabriquent pas mieux que la plupart des Caucasiens et Arméniens, de sorte que cette production est forcément restreinte. En hiver, ils distillent une partie de leur vin de façon à se procurer du vodka, car avec la civilisation, le goût pour cette terrible boisson a été introduit chez eux.

Ils se sont mis depuis quelques années à sécher leurs fruits pour les expédier dans les grandes villes.

Bien que récoltant de beau blé, ils ne font pas d'autre pain que ces sortes de galettes appelées en Arménie « lavasch » auxquelles l'estomac des Européens a de la peine à se faire.

En dehors des arbres fruitiers, les Aïssores d'Arménie n'ont guère à leur disposition que des peupliers, des saules et quelques platanes. Le bois est donc rare chez eux comme chez leurs voisins, aussi le gardent-ils précieusement pour leurs constructions faites du reste dans le style de celles des Arméniens et des Tatars. Ils n'emploient comme ces derniers, pour leur chauffage, que des fientes de buffle et de vache que l'on fait sécher soigneusement à cet effet.

On remarque dans quelques jardins de Koylassar comme aux environs de Kamarlou, et dans toute la vallée inférieure de l'Araxe, un certain nombre de mûriers qui montrent que la culture des vers à soie fait partie de leurs occupations.

La terre appartient rarement aux Aïssores, aussi resteront-ils encore longtemps dans un état voisin de la misère. Ceux-ci en effet n'étant pas encore habitués à l'épargne, et étant obligés de payer le dixième de leurs revenus au propriétaire, il en résulte que, durant les années de mauvaise récolte, ils sont presque réduits à la famine, et sont souvent forcés d'emprunter.

Cette situation fort digne d'intérêt est le fait de cette période transitoire que traverse cette population nouvellement émigrée sur un sol nouveau et dans une région où elle se trouve au contact de races différentes de la sienne.

Les Aïssores passent pour être supérieurs à leurs voisins, au point de vue moral. On leur reconnaît une certaine droiture, de l'activité et de l'intelligence. Hospitaliers et charitables, quoique souvent misérables, ils secourent assez leurs semblables, même en dehors de leurs coreligionnaires, pour qu'il n'y ait pas d'indigents autour d'eux. Ils sont serviables, respectueux envers les vieillards et leurs supérieurs. Ils ont conservé plus d'un usage patriarcal dans leurs villages et, quand ils travaillent en dehors de leur famille, ils font d'excellents serviteurs.

Les Aïssores ont adopté en partie le costume des Arméniens,

Les femmes s'enveloppent pourtant la tête d'un grand mouchoir de soie ou de coton, qu'elles rejettent simplement en arrière au lieu de le fixer solidement sous le menton comme les Arméniennes. Beaucoup portent des colliers, faits de chaînettes garnies de pièces de monnaies d'or ou d'argent, à la manière des femmes Tatares ou Kurdes. La plupart portent des tabliers, des bas et des pantalons rouges, de préférence à toute autre couleur. Quelques-unes ont conservé l'usage du manteau persan, sans manches, et du jupon court.

Les danses et les jeux des Aïssores se rattachent, les uns à ceux des Arméniens, les autres à ceux des Kurdes. Les uns et les autres s'exécutent toujours au son de la zourna et du tambourin, accompagné, le plus souvent, de chants et de battements de mains.

L'une des danses les plus caractéristiques est une ronde qui s'exécute avec un balancement de droite à gauche, accompagné d'un pas dont la cadence rappelle celle de la Lesginka.

La langue des Aïssores qui sont, d'après leurs traditions, les parents des Chaldéens primitifs est un dialecte de l'ancien Syriaque modernisé par la perte de quelques formes grammaticales et par l'admission d'une grande quantité de mots persans, turcs, arabes et kurdes.

Ils ne peuvent parler leur langue qu'entre eux : cependant, par suite de la grande ressemblance qui existe entre elle et l'ancien hébreu, ils se comprennent également avec les Juifs qui parlent encore leur langue mère. Dans leurs rapports avec les autres peuples, ils se font entendre au moyen de la langue tatare que tous, hommes et femmes, connaissent bien. Grâce aux écoles, la langue russe, sera bientôt connue de toute cette population.

Les livres religieux des Aïssores sont imprimés en ancien syriaque qui est très différente de la langue parlée actuellement. La langue écrite est fort difficile, son alphabet se compose de vingt-deux lettres dont quatre voyelles seulement. Cette pauvreté de voyelle fit déjà, dans l'antiquité, introduire dans cet alphabet des signes spéciaux qui modifient la valeur des lettres.

La littérature écrite et orale des Aïssores est presque nulle. Ils ont en partie oublié, dans leurs émigrations, leurs légendes et leurs proverbes; ils les ont remplacés par ceux des Tatares.

C'est donc dans leur propre pays qu'il faut aller pour retrouver peut-être des notions précises sur la mythologie, les légendes et les traditions des Aïssores.

Le nombre des superstitions est fort considérable chez ce peuple de mœurs encore si simples.

En voici quelques exemples. Le mercredi et le vendredi sont des jours consacrés aux esprits malins, aussi les femmes doivent-elles se garder de se baigner ou de laver du linge ces jours-là, ces esprits leur étant particulièrement hostiles.

Le 6 juin les Aïssores ont une fête en l'honneur du roi des serpents *Mariname :* personne ne travaille ce jour-là, dans la crainte d'être mordu par des serpents.

Le 3 août est une fête en l'honneur des ânes *palma khmari*, on observe également le repos ce jour-là dans la crainte d'encourir des accidents.

D'après les Aïssores, les étables sont habitées par de mauvais esprits du sexe féminin nommés *Dechabukhtai*. Ces esprits ne sont hostiles qu'aux femmes, mais on peut les en garantir si l'on a le courage de planter une aiguille dans leur corps.

Une croyance fort répandue est que les morts punissent ceux qui ont négligé de les saluer lorsqu'on les porte au cimetière, aussi fait-on toujours sortir de la maison les enfants et même les malades chaque fois qu'il y a un enterrement.

Ils sont convaincus de l'existence de certains hommes nocturnes à grandes jambes et à grands bras *(nat-bli)* qui rôdent la nuit comme des fauves à la recherche de leur proie.

Ils croient également aux lutins; aussi, n'entrent-ils jamais dans une maison la nuit sans lumière, sans prononcer le nom de Dieu.

Les mauvais esprits se réunissent chaque nuit dans les moulins pour y faire le sabbat et dans ce but ils prennent une forme humaine.

Toutes les maladies et même tous les phénomènes de la nature, notamment l'apparition d'une comète, une éclipse de lune ou de soleil, le tonnerre, les nuages, la pluie, la neige, la grêle, la voie lactée, tout a pour eux une explication superstitieuse.

A l'occasion des accouchements, les Aïssores font une série de cérémonies dans l'idée qu'ils ont, que des mauvais esprits en veulent à la vie du nouveau-né ou de la mère. Aussi, dans le but de les protéger, ils font des signes de croix autour de l'accouchée avec un poignard qu'ils placent ensuite avec un évangile sous son oreiller, pendant sept jours. Ils sont certains que, si l'on fait bouillir le sang d'une personne assassinée, on doit y voir l'image de l'assassin et par suite le découvrir.

Les Aïssores, comme nombre de peuples primitifs, particulièrement en Asie occidentale, pratiquaient jadis l'astrolatrie. Les apôtres Pierre et Thomas en firent des chrétiens, mais vers 489, ils embrassèrent la doctrine de Nestor qu'une grande partie d'entre eux n'a pas encore abandonnée, malgré la présence parmi eux de missions catholiques depuis l'année 1599 et plus récemment, depuis 1831, de missions anglaises et américaines.

Cette population n'accepte pas le nom de Nestoriens qu'on leur a donné, ils se disent plutôt Nazaréens-messianiques. Quant à celui de Chaldéens, il serait suivant Kanikof d'origine moderne et aurait été appliqué par ordre des papes à la portion de la nation nestorienne convertie au catholicisme par les jésuites, dans le courant du xviii° siècle. Les Nestoriens et les Chaldéens ne feraient donc, dans tous les cas, au dire des missionnaires, qu'un seul et même peuple chrétien ne différant que par des dissidences religieuses. D'après Reclus, les Aïssores ne seraient que les représentants d'une tribu kurde qui prétend descendre des anciens Assyriens.

Quelle que soit l'origine de cette population, il importe de constater qu'elle habite depuis un temps immémorial la région montagneuse de Djoulamerg, entre les deux lacs d'Ourmiah et de Van.

Lors de la prise de la Mésopotamie par les Arabes, ils ne furent pas inquiétés dans leurs communautés importantes et leurs forteresses. Indépendants de fait, ils ont pu se croire inattaquables jusqu'en 1843. A cette époque, les Kurdes encouragés par les Turcs à saccager les villages chrétiens, comme ils le font encore de nos jours en Asie Mineure, se ruèrent sur les Nestoriens. Les hommes qui se défendirent furent massacrés; les femmes furent emmenées en captivité et les garçons circoncis devinrent, par force, des musulmans et les futurs ennemis de leurs familles.

Les Nestoriens ont une sorte de gouvernement indépendant. C'est toute une hiérarchie de prêtres qui les gouvernent sous le patriarcat temporel et spirituel (prêtre-roi) de *Mar Simonn* (seigneur Simon). Il réside à Kotchaves, près de Djoulamerg. La succession au patriarcat est héréditaire au deuxième degré : le neveu succède à l'oncle. Lorsque la mère du futur patriarche est enceinte on ne la nourrit que de fruits et de légumes, pour que, même avant sa naissance, l'enfant suive le régime du clergé. Si elle met au monde une fille, celle-ci est condamnée à la vie religieuse [1].

Les Chaldéens qui jadis appartenaient aux Nestoriens sont plus particulièrement devenus catholiques, ils ont conservé cependant beaucoup de leurs anciennes pratiques et leur ancien culte. De plus leurs prêtres se marient, excepté toutefois les grands dignitaires.

Parmi les coutumes religieuses anciennes que l'on connaît aux Chaldéens de Koylassar, on cite celle de sacrifier un bœuf le 15 juillet en l'honneur des martyrs Kyril et Juliette, sa mère, qui sont les patrons de leur église. Lorsqu'ils vont visiter les cimetières, ils ne manquent jamais de déposer sur les tombes de leurs parents ou amis des aliments divers qu'ils distribuent aux pauvres au nom des défunts. En ce qui concerne les usages relatifs à la naissance, au mariage et à la mort, les Chaldéens d'Arménie, ceux de Koylassar au moins se rapprochent beaucoup de ceux des Arméniens sous certains rapports et sous d'autres de ceux des Kurdes.

Connaissant actuellement les données ethnographiques que l'on a recueillies sur ces Aïssores ou Chaldéens, il reste à rechercher leurs origines. Par leur langue mère ils sont sémitiques, cela ne fait de doute pour personne. Par leur religion primitive ainsi que par un certain nombre d'usages, ils sont Iraniens ou du moins voi-

---

[1] Eugène Bore, *Mémoires d'un voyage en Orient.*

sins des Arméniens et des Kurdes. D'après leurs traditions enfin, ils se disent, eux-mêmes, descendants de Memerod et d'Assur.

Quelle que soit la valeur de ces divers éléments d'information, il en est un autre qui n'a pas encore été mis en œuvre, c'est l'anthropologie morphologique.

Des mensurations anthropométriques que nous avons pratiquées sur 22 hommes et sur 5 femmes, nous permettront peut-être d'apporter un élément nouveau à la discussion. Mais avant, nous devons jeter un coup d'œil rétrospectif sur les idées des historiens à propos de cette population.

Parlant des Chaldéens, Prichard[1] dit que des auteurs éminents tels que Michaelis[2] et Schœlezer[3] ont soutenu que les Chaldéens ou *Kasdims étaient un peuple différent des Assyriens et des Syriens, et que la Chaldée de l'antiquité n'était pas au sud de la Mésopotamie, mais au nord au contraire,* sans doute en Asie Mineure, et en Arménie par conséquent.

L'historien de l'Arménie, Saint-Martin[4], cite la ville actuelle de Trébizonde comme l'ancien chef-lieu de la division militaire de Chaldée ou *Kadia*, sous le règne des Pagratides, aux VIIe et IXe siècles, à l'époque de la toute-puissance de l'Arménie.

D'autre part, on sait que le peuple chaldéen a été souvent mentionné sous le nom de *Kasdim* par les auteurs sacrés des dernières dynasties de Juda et de Samarie, comme peuple guerrier du nord.

Suivant d'Ekstein[5], et après lui Lenormant[6], ces Kasdims ou Chaldéens seraient des Kouschites représentés par le personnage de Nemrod. Tout porte à croire, d'après ces mêmes auteurs, que ce sont les *Kiccioi* d'Hérodote, et les Céphènes auxquels la tradition grecque attribuait la fondation du premier empire Chaldéen.

Il est à remarquer encore que les Grecs rattachaient les Chaldéens aux Kardukhs, peuple montagnard et *guerrier des régions*

---

[1] Prichard, *Hist. nat.*, t. I, p. 192.
[2] Michaëlis, Specim. Geof. Herbr. ext. port. II. p, 80.
[3] Schlœger, *Von den Chaldeen Repertor für Bible*. Ch. VIII.
[4] Saint-Martin, *Mémoire sur l'Arménie*, t. II, p. 356.
[5] D'Ekstein, *Atheneum français*, avril, août 1854.
[6] F. Lenormant, *Hist. anc. de l'Orient*, t. IV, p. 57.

élevées du Kurdistan actuel, et qui se firent connaître surtout par les difficultés qu'ils créèrent à Xénophon dans sa retraite[1].

« Tous les géographes anciens, remarque aussi M. Renan, placent les Chaldéens en Arménie, dans le Pont et le pays des Chalybes. Là était sans doute la Chaldée primitive, un repaire de belliqueux montagnards, redoutés dans tout l'Orient pour leurs brigandages, servant dans les armées étrangères et jusque dans l'Inde comme mercenaires, parfaitement semblables en un mot, à ce que sont de nos jours dans les mêmes centres les Kurdes avec lesquels on a tant de raison de les identifier. »

M. Renan[2] conjecture que le nom de Kasdim qui est la forme hébraïque du nom des Chaldéens ne diffère pas de la forme grecque (Καλδαία) de Kaldaia, en admettant la forme intermédiaire *Kard*. Cette forme reparaît aux diverses époques avec une persistance remarquable dans les noms des peuples montagnards cantonnés dans les gorges des monts Zagros, tels par exemple les Gordoukh, Gordiani, etc.

D'un autre côté, le nom de *Kiccioi* qui leur est également donné par quelques auteurs grecs, n'est autre que le nom de Kousch à peine déformé par l'euphonie grecque et c'est, paraît-il, le même peuple que l'on trouve désigné dans les plus anciennes inscriptions cunéiformes dans le nom de Kasschi ou Cosséens. Ceux-ci identiques aux Kurdes sont représentés comme habitant les montagnes du Zagros, d'où ils descendaient faire de fréquentes incursions dans la Babylonie jusqu'au jour où ils s'emparèrent du pays, qu'ils conservèrent durant plusieurs siècles sous leur domination. Chose curieuse sur laquelle nous reviendrons plus tard, c'est que Kardu est le nom de la province d'Ararat dans la paraphrase chaldaïque et du mont Ararat chez les Syriens.

Si des données historiques qui précèdent on peut garder la conviction que les Chaldéens des montagnes du Zagros et du Grand-Zab sont originaires du Pont, ainsi que les Kurdes, rien ne permet de les rattacher sûrement aux Sémites auxquels appartenaient peut-être leurs ancêtres.

[1] Xénophon, *Cyropédie*, III.
[2] Renan, *Histoire des langues sémitiques*, liv. I, chap II, p. 65.

Leur langue et leur culte qui les ont fait considérer comme Sémites, les séparent des Kurdes d'autre part, et si leurs caractères morphologiques concordaient sur quelques points, on devrait en conclure que, bien que d'origine commune, ils se sont séparés en deux groupes dès la plus haute antiquité.

ANTHROPOMÉTRIE

Cette population passe pour appartenir à un type essentiellement brun, présentant une physionomie sémitique.

Cette description, faite *a priori* par des voyageurs, n'est basée sur aucune observation scientifique et mérite d'être vérifiée.

LES YEUX ET LES CHEVEUX. — Les Aïssores sont incontestablement bruns. Sur les 27 individus que j'ai observés, les cheveux sont noirs ou châtains, très foncés chez 19 sujets ; 7 hommes les ont moyens ou châtains et un seul les a clairs ou blonds. Toutes les femmes les ont noir foncé.

Chez 20 individus, y compris les 5 femmes, les cheveux sont droits et 7 hommes les ont ondulés. Quant aux yeux, toutes les femmes les ont noir foncé ; 16 hommes sur 22 les ont foncés et 5 seulement châtains, un seul les a bleu verdâtre.

Les yeux jamais bridés sont largement fendus et brillants chez tous, d'une façon remarquable. Les distances bipalpébrales interne et externe varient beaucoup. Chez les hommes, la première (bi-int.) oscille entre 19 et 35 millimètres, la moyenne se trouve autour de 26 millimètres, tandis que la seconde (bi-ext.) se tient entre 91 et 110 millimètres, la moyenne est à 98 millimètres.

Ce diamètre bipalpébral interne appelé aussi interoculaire dépasse rarement, en effet, 28 millimètres (33 pour 100 seulement) il est, au contraire, fréquemment inférieur à ce chiffre (67 pour 100).

Chez les 5 femmes le diamètre bipalpébral interne court entre 22 et 28 millimètres et le moyen est 24 millimètres ; le diamètre bipalpébral externe varie entre 90 et 100 millimètres ; la moyenne est 96 millimètres.

L'indice bipalpébral moyen de l'ensemble des Aïssores que j'ai étudiés, hommes et femmes réunis est de 26,53.

Le nez, la bouche, les oreilles et la face. — Le nez des Aïssores est presque toujours aquilin, fortement abaissé chez tous et souvent saillant.

Ils sont pour la plupart leptorhinien. Leur indice nasal moyen général est de 67,30. Cet indice est dépassé chez 8 hommes, l'un d'eux atteint même 75. Chez les femmes, l'indice nasal est plus variable, sa moyenne est inférieure à celle des hommes, elle n'est que de 66.

La bouche des Aïssores est assez normale, les lèvres généralement fines laissent une ouverture moyenne de 49 millimètres. Chez les hommes, ce diamètre est de 50 millimètres; mais chez les femmes elle n'est que de 46.

La dentition est fort belle chez les hommes comme chez les femmes de cette famille; les dents de sagesse viennent assez tard, mais les caries sont rares chez les jeunes sujets.

Les Aïssores ont la face moyennement large quoique les pommettes soient pourtant peu saillantes. J'ai trouvé à cette population des indices de la face variant de 92 à 110, mais l'indice moyen général est de 101,48 chez les hommes et de 94,46 chez les femmes. Ils peuvent être encore classés parmi les leptoprosopes.

Le frontal minimum est souvent étroit et la partie angulaire de la mandibule, le *gonion*, est souvent assez lourde et accentuée.

Les oreilles sont assez régulières : on trouve chez les hommes (ceux-ci ne portent jamais de turban) une hauteur de 59 millimètres et une largeur moyenne de 36 millimètres; chez les femmes, la hauteur moyenne est de 58 millimètres bien que presque toutes portent des pendants d'oreilles souvent lourds et leur largeur moyenne est de 29 millimètres. Les oreilles les plus hautes ou longues dépassent rarement 65 millimètres chez les hommes et 60 millimètres chez les femmes.

L'indice moyen de l'oreille calculé chez les Aïssores, hommes et femmes réunis, est de 59,32.

LA TAILLE ET LA GRANDE ENVERGURE. — Les Aïssores sont plutôt d'une taille au-dessus de la moyenne que petits. La moyenne n'atteint chez les hommes que 166 centimètres, mais à côté de petits hommes qui n'arrivent pas à 160 centimètres (19 pour 100), un certain nombre dépassent 170 centimètres (18 pour 100). Chez les femmes, la moyenne n'atteint que 159 centimètres, elles sont donc en général petites.

La moyenne des hommes et des femmes réunis est de 165 centimètres.

La grande envergure comparée à la taille, présente toujours un certain intérêt. Chez les Aïssores hommes, elle est aussi fréquemment inférieure que supérieure à la taille (taille 168 centimètres et gr. ex. 172 centimètres, ou 174 taille et gr. ex. 168 centimètres), tandis qu'elle n'est que quatre fois égale.

Chez les femmes elle est presque toujours *inférieure*. On trouve par exemple, des sujets mesurant comme taille 156 centimètres, n'avoir que 145 centimètres *de grande envergure*.

Calculée sur l'ensemble des Aïssores, hommes et femmes réunis, *la moyenne de la grande envergure égale celle de la taille*, elle est donc de 165 centimètres.

LA TÊTE, SES DIAMÈTRES ET SES DÉFORMATIONS. — L'indice céphalométrique des Aïssores montre une population ultra-brachycéphale, il est pour la totalité des sujets étudiés (soit 27 individus) de 89 et on en trouve 23 pour 100 atteignant l'indice de 90. Mais ce chiffre perd de son importance exceptionnelle lorsque l'on étudie séparément les hommes et les femmes. C'est, en effet, la série des hommes qui donnent l'indice moyen élevé de 89,50, tandis que celui des femmes n'atteint que le chiffre de 88,69.

Chez les hommes, les indices inférieurs à 88 sont rares (18 pour 100, alors que ceux qui dépassent 90 comptent 40 pour 100. Ceux-ci présentent des diamètres transverses, maximum atteignant 164 et même 167 millimètres comme le jeune Palous d'Inguidja, par exemple, dont l'indice est de 95,97. Ce jeune Aïssore présente en effet une tête à peu près sphérique. En éliminant ce sujet exceptionnel, *l'indice moyen de cette famille tombe à 89*, chiffre que la mise en série montre comme très fréquent et, par conséquent, comme caractéristique du type.

Chez les femmes l'indice moyen est de 88,63. Trois sujets atteignent des indices variant de 87 à 88. Deux seulement dépassent 89, et cet écart impose à toute la série l'indice 88,63. Si l'on élimine le sujet le plus brachycéphale, la femme Certrikof, l'indice moyen tombe au-dessous de 88.

Cette brachycéphalie remarquable que l'on constate chez les Aïssores hommes comme chez les femmes est due certainement à la largeur quelquefois considérable du diamètre transverse maximum, mais on ne doit pas perdre de vue que certains sujets, parmi les plus brachycéphales, présentent des diamètres antéro-postérieurs relativement assez bas par suite de la déformation qu'a subie leur occipital. Celui-ci ayant été aplati, et se trouvant en quelque sorte taillé à pic, le diamètre antéro-postérieur se trouve fortement raccourci.

C'est le même fait que j'ai déjà constaté chez les Anshariés, les Kurdes et nombre de Caucasiens.

Parmi les Aïssores que nous étudions, on remarque plus spécialement cette particularité chez les sujets n° 6, 15 et 16. Chez le premier, dont l'indice est de 95,97, le diamètre antéro-postérieur n'est que de 174 millimètres avec un diamètre métopyque de 171 millimètres, et un diamètre transverse maximum de 167 millimètres.

Pour le n° 15, dont l'indice est de 93,71, le diamètre antéropostérieur est moins bas, mais alors le transverse maximum est fort élevé, il arrive à 164 millimètres.

Le même cas se présente pour le n° 16, dont l'indice moyen est de 165 millimètres avec un diamètre antéro-postérieur de 177 millimètres, et un diamètre métopyque de 173 millimètres.

Les Aïssores sont donc brun foncé par les cheveux et les yeux; par la disposition de ceux-ci, ils n'ont rien de mongoloïde pas plus que par la disposition de leur face. Par la forme de leur nez ils sont leptorhiniens. Leur tête les place parmi les ultra-brachycéphales.

Comme il a été question de rechercher une parenté entre les

Aïssores et les Arméniens de la région d'Ourmiah ainsi qu'avec les Juifs et les Kurdes, il m'a paru intéressant de comparer les caractères anthropométriques et morphologiques généraux de ce peuple avec ses voisins de la Perse et du Caucase.

Ces Arméniens émigrés de l'Aderbeidjan (6 individus), aussi bien que les Aïssores, vivent près d'eux à Tiflis, à peu près dans les mêmes conditions, et s'y livrent aux mêmes occupations.

Les Juifs auxquels il y a un certain intérêt de comparer ces Aïssores, sont originaires les uns d'Ourmiah (4 individus), les autres d'Akhaltzick (34 individus). J'aurai l'occasion de revenir plus tard sur l'étude de ces derniers. Quant aux Kurdes, ils appartiennent aux régions du Zagros et du Zaab, à celles de la haute Mésopotamie, du massif de l'Ararat ainsi qu'à une grande partie du nord de l'Arménie.

Arméniens d'Ourmiah. — Ils ont les yeux et les cheveux moins foncés que les Aïssores, leurs voisins. Leurs cheveux sont généralement droits et rarement ondulés.

Leur face est plus large, car au lieu de 100,74 que présente l'indice moyen des Aïssores, le leur est de 106,33.

Le diamètre bipalpébral interne est de 34 millimètres, tandis que celui des Aïssores est de 26 millimètres en moyenne ; le diamètre bipalpébral externe est de 94 millimètres au lieu de 98 millimètres.

Leur nez est plus long que ceux des Aïssores : chez les premiers, l'indice nasal moyen est de 64,28 et chez les seconds il est de 67,30.

Les oreilles sont généralement plus longues chez les Arméniens que chez les Aïssores de la même région. Chez ces derniers les oreilles présentent une longueur moyenne de 69 millimètres, alors que la moyenne chez les Arméniens ne dépasse pas 59 millimètres.

La bouche présente 55 millimètres en moyenne chez les Arméniens et seulement 49 chez les Aïssores.

Quant à la taille elle atteint 170 centimètres chez les Arméniens, tandis qu'elle n'est que de 165 centimètres chez les Aïssores. De même que chez ces derniers la grande envergure est presque égale à la taille; elle dépasse celle-ci cependant d'une unité chez les Arméniens d'Ourmiah. On trouve en effet une grande envergure moyenne de 171 centimètres avec une taille moyenne de 170 centimètres. Il est à remarquer toutefois qu'il y a plus d'uniformité chez les Arméniens que chez les Aïssores, la taille de 170 centimètres est à peu de chose près la taille générale des Arméniens, tandis que chez les Aïssores nous avons trouvé des hommes de 160 centimètres et d'autres de 170 centimètres.

En ce qui concerne l'indice céphalique les rapports sont beaucoup plus grands que pour les autres caractères, comme les Aïssores les Arméniens d'Hourmiah ont un indice céphalique moyen de 89,50. La mise en série montre une assez grande uniformité dans les indices individuels: la plupart oscillent entre 88 et 91.

On remarque également plus d'uniformité dans le diamètre transverse maximum qui varie de 161 à 163, tandis que le diamètre antéro-postérieur, modifié également par des compressions de la partie occipitale varie entre 178 et 185.

Juifs d'Ourmiah. — Les individus de cette race que j'ai étudiés au nombre de quatre à Kamarlou, dans la vallée de l'Araxe, sont absolument bruns. Le nez fortement abaissé présente un indice moyen de 61.

Les yeux jamais bridés donnent un diamètre interorbitaire ou bipalpébral interne moyen de 30 millimètres en moyenne; le diamètre bipalpébral externe moyen est de 96 millimètres. La largeur moyenne de leur bouche est de 48 millimètres.

Leur taille moyenne est de 176 centimètres et leur grande envergure moyenne de 174 centimètres.

Si l'on étudie l'indice céphalique de ces individus on trouvera des différences également fort grandes avec leurs voisins les Aïssores. La moyenne n'est que de 86,34 (Aïssores 89,53) et cependant on remarque chez ces Juifs des compressions antéro-postérieures marquées comme chez les Aïssores et les Arméniens.

Juifs d'Akhaltzith (22 hommes et 12 femmes). — Chez ces 34 sujets le type est beaucoup plus régulier et homogène, mais

N° D'ORDRE	NOMS ET AGES, LIEUX DE NAISSANCE ET D'OBSERVATION, PROFESSION DU SUJET	COULEUR DES CHEVEUX	COULEUR DES YEUX	FORME DES CHEVEUX	FORME DU NEZ	FORME DE L'ŒIL	DIAMÈTRES DE LA TÊTE MAXIMUM	MÉTOPIQUE	TRANSVERSE MAXIMUM	INDICE CÉPHALIQUE	DE LA FACE DE LA GLABELLE AU POINT MENTONNIER	BI-ZYGOMATIQUE	ESPACE NASAL	DE L'ŒIL BI-PALPÉBRALE EXTERNE	BI-PALPÉBRALE INTERNE	DU NEZ HAUTEUR	LARGEUR	INDICE NASAL	DE L'OREILLE HAUTEUR	LARGEUR	DE LA BOUCHE LARGEUR	TAILLE DEBOUT	GRANDE ENVERGURE TOTALE	OBSERVATIONS
	AÏSSORE (hommes)																							
1	Ouchana, 21 ans, Chameske, Perse, Tiflis, moucha.	moy.	moy.	droits	droite abaissé	non br.	172	170	144	83,72	128	125	93,43	110	24	57	45	78.95	50	45	54	168	172	
2	Bara, 23 ans, Dyzaka,	—	foncée	ch. fonc.	dr. conv. ab.m.	—	75	170	158	90,29	132	132	100,00	101	21	45	54	75.55	40	40	50	168	175	
3	Mikael, 45 ans, Karadjah,	—	moy.	ch. clair	dr. abais. sail.	—	75	177	150	85,71	140	142	101,42	108	23	42	40	95.24	60	33	50	162	170	
4	Miguel, 25 ans, Taraguens,	—	noirs	ch.fonc.	conv. ab. saill.	—	70	174	143	87,06	155	131	92,41	108	30	52	38	81.29	56	38	50	161	168	Apl. occipit.
5	Guéorgios, 20 ans, Ourmiah,	—	—	ondul.	dr. conv. saill.	—	74	178	155	90,58	141	136	94,44	115	27	48	36	75.00	60	36	47	164	155	
6	Palous, 20 ans, Inguisija,	—	foncée	—	droits	dr. saillante	—	74	171	167	95,87	112	138	97,18	107	22	47	33	70.20	47	30	47	155	154	
7	Chapazo, 35 ans, —	—	—	—	foncée	dr. ab.	—	78	172	158	88,76	137	145	103,84	98	19	52	34	65.31	42	32	53	160	166	Aplat. front bregmat.
8	Bara, 24 ans, Chamchedja,	—	moy.	—	andul.	conv. ab.	—	74	173	155	90,11	130	134	99,28	95	25	46	37	80.07	51	31	53	174	168	
9	Oxan, 23 ans, Salmast,	—	foncée	—	—	dr. conv. ab.m.	—	75	158	142	88,85	125	131	102,34	102	26	53	36	67.92	60	30	50	185	165	
10	Guarès, 30 ans, —	—	port. d'eau	—	droits	conv. ab. moy.	—	72	170	135	80,11	138	143	103,62	107	20	63	49	63.43	60	35	57	158	154	Aplat. front. bregm.
11	. . . ., 20 ans, Ourmiah,	—	moucha.	—	ondul.	droite	—	72	162	154	89,53	138	140	101,44	90	21	50	31	68.00	61	35	58	160	168	
12	Radalof, 21 ans, —	—	—	—	—	—	—	73	163	155	89,59	175	144	102,17	92	27	50	35	70.00	65	37	64	160	160	
13	Simon, 27 ans, —	—	—	—	—	—	—	76	155	157	90,75	137	142	103,65	93	25	54	34	65.67	52	38	61	170	100	
14	. . . ., 19 ans, —	—	—	—	—	—	—	74	160	155	90,84	139	140	100,72	102	30	50	36	72.00	65	38	94	160	171	
15	. . . ., 20 ans, Salmast,	—	—	—	droits	conv. abaissée	—	75	178	164	93,77	138	144	104,34	102	30	50	38	64.49	60	38	60	172	130	
16	Nacernof, 34 ans, —	—	—	—	—	—	—	77	173	165	93,22	138	143	103,62	100	30	58	38	85.51	60	38	53	171	179	
17	. . . ., 20 ans, —	—	claire	moy.	—	—	—	75	164	153	83,63	125	137	105,69	90	28	48	33	70.83	65	40	45	170	173	Aplat. occipit.
18	. . . ., 24 ans, —	—	moy.	—	»	saillant	—	76	164	137	83,32	126	130	110,31	91	23	44	30	75.00	65	34	29	172	172	Aplat. —
19	Vardi, 27 ans, —	—	moy.	foncée	droits	—	—	68	158	148	88,09	135	135	100,00	80	21	53	32	69.37	57	32	»	170	171	
20	. . . ., 22 ans, —	—	—	—	—	—	—	70	157	140	88,63	137	136	99,27	89	35	51	32	59.28	68	32	»	160	172	
21	. . . ., 23 ans, —	—	moy.	moy.	—	—	—	75	160	156	89,14	135	141	102,17	98	20	50	32	66.00	60	32	45	168	167	
	. . . ., 22 ans, —							77	169	157	88.70	130	140	103.72	97	25	50	32	64.00	61	33	47	160	167	
	Moyenne							73	169	155	89,69	135	137	101,48	98	20	59	35	67.30	50	36	50	166	168	
	(Femmes)																							
1	Badalof, 27 ans, Salmast, Tiflis, servante.	foncée	foncée	droits	dr. conv.	non bridée	78	164	141	87,50	123	114	92.68	90	24	50	32	70.90	55	30	45	156	145	
2	Nacernof, 28 ans, —	—	—	—	dr. abais.	—	75	158	143	89,63	138	133	96.37	99	21	52	35	57.31	60	20	49	149	143	Occipit. aplati.
3	Chet-janof, 30 ans, —	—	lingère.	—	très abaissée	—	75	158	143	90,72	132	131	101.54	100	24	53	35	63.03	55	30	45	165	154	Aplat. occipit. gauche.
4	Vardi, 25 ans, —	—	—	—	conv. abaissée	—	70	166	143	87,65	128	130	101.58	98	22	55	30	54.54	60	30	48	163	104	Occip. léger. aplat.
5	Vardi, 30 ans, —	—	blanchisseuse.	—	—	—	70	168	158	87,93	130	130	100.00	95	25	44	31	77.27	62	34	44	164	154	
	Moyenne							78	103	149	88,69	130	128	94,46	99	24	50	33	69.00	58	29	45	159	152	

l ne présente pas plus de rapports avec les Aïssores que leurs congénères d'Ourmiah et les Arméniens de la même localité.

Beaucoup moins bruns à Akhaltzith qu'à Ourmiah, les Juifs dont j'ai étudié une série bien choisie sont de couleur moyenne. Les cheveux sont châtain moyen chez les hommes et les femmes dans la proportion de 40 pour 100. Il y en a 34 pour 100 de châtain clair ou blond et 26 pour 100 de brun foncé ou noir.

Les yeux sont souvent noirs, mais cependant la couleur châtain moyen domine dans la proportion de 42 pour 100, tandis que l'on trouve des yeux bleus ou bleu verdâtre dans la proportion de 30 pour 100.

La distance interorbitaire interne est ici de 27 millimètres en moyenne tandis que chez les Aïssores elle est de 26 millimètres et le diamètre bipalpébral externe est également d'une unité plus forte chez les Juifs que chez les Aïssores.

L'indice facial est de 98,61.

Si l'on n'avait que ce caractère à comparer entre ces deux peuples il serait facile d'établir une parenté certaine entre eux.

En est-il de même du nez? Ici les différences sont relativement considérables : alors que les Aïssores présentent un indice nasal moyen de 67,30, celui des Juifs d'Akhaltzik ne dépasse pas 60,37 et ceux d'Ourmiah 60 seulement.

L'indice céphalique des Juifs d'Akhaltzik est de 85,79 (Aïssores 89,53) et il diffère trop de nos Aïssores par ce caractère pour leur maintenir cette affinité apparente donnée par les autres rapports morphologiques qui viennent d'être exposés.

KURDES. — Les Kurdes sont disséminés sur des espaces considérables, tant sur le territoire turc que sur ceux de la Perse et de la Russie. Les tribus des régions du lac Ourmiah, du massif de l'Ararat et de l'Arménie pontique (Lazistan), doivent spécialement nous intéresser dans l'enquête que nous poursuivons.

Par leurs caractères ethnographiques la plupart des tribus Kurdes, quelles que soient leurs origines constituent un groupe assez homogène, mais au point de vue anthropométrique elles présentent des différences notables.

Nombre d'entre elles ont subi les vicissitudes de leur nomadité séculaire, et des luttes qu'elles ont eu à soutenir avec leurs voisins dont elles ont été plutôt les oppresseurs que les opprimées.

C'est ainsi, qu'alors que sur les côtes de la mer Noire dans leur pays, sans doute d'origine, on trouve des Kurdes ultra-brachycéphales, on en rencontre de dolichocéphales sur les pentes de l'Ararat.

Nous n'avons donc pas à rechercher indistinctement chez toutes les tribus des rapprochements avec les Aïssores. Nos comparaisons porteront sur celles qui paraissent présenter le plus d'homogénéité, telles que celles d'Ourmiah, de Van, de Bayazid, d'Erivan et de Batoum.

Les caractères fournis par la forme de la tête étant essentiels, nos comparaisons ne porteront que sur l'indice céphalométrique, le seul du reste que l'on possède sur une partie de ces tribus.

Kurdes d'Ourmiah. — C'est chez les Kurdes de cette région que je n'ai pas encore pu mesurer moi-même, mais qui ont été étudiés autrefois par M. Duhousset, que nous trouverons le plus de ressemblance avec les Chaldéens. Cinq individus ont été examinés au seul point de vue de l'indice céphalométrique, mais ce caractère est assez essentiel pour qu'il tienne lieu des autres, en somme secondaires.

L'indice moyen de ces cinq sujets est de 86,60, mais on doit remarquer que trois sur cinq présentent des indices dépassant 89 : 89,18, 89,71, 93,56.

Ces Kurdes d'Ourmiah sont, on le voit, les seuls qui présentent des rapports réels avec les Chaldéens, à part les Arméniens et les Juifs des mêmes régions.

Kurdes de Van, de Bayazid et d'Erivan. — Comme ceux d'Ourmiah, les Kurdes que j'ai mesurés à Van en 1881 sont absolument bruns avec des yeux noirs et brillants, leur face est étroite et anguleuse. Ne portent que la moustache, et ils se rasent complètement la tête, moins une mèche qu'ils laissent pousser assez longue sur la partie lambdoïdale. Leur indice céphalométrique moyen est de 83,73. Presque tous présentent des compressions inio-frontales assez accentuées. Les dix-sept Kurdes que j'ai observés à la même époque à Bayazid et dans la vallée de l'Abaga, au sud de cette ville, sont un peu moins brachycéphales, leur indice céphalométrique moyen est de 81,60. Quant à ceux des régions d'Erivan et d'Igdir dont j'ai mesuré 12 individus en 1881 et 28 en 1890, ils sont aussi assez souvent déformés, et leur indice céphalométrique moyen est de 84,22.

Ils présentent enfin les mêmes caractères morphologiques généraux que ceux des séries précédentes.

Kurdes de Batoum. — Ce groupe, qui se trouve isolé au milieu de populations caucasiennes ou passant pour telles, habite justement la contrée que les historiens considèrent comme la patrie de leurs ancêtres Kasdims, Chalybes, Kardoukhs ou Chaldéens. Cette particularité qui, *a priori*, ne pouvait être considérée que comme une simple coïncidence, et rester parmi les innombrables hypothèses ne reposant uniquement que sur des interprétations de textes anciens, devait prendre corps, en présence de quelques observations anthropométriques.

Durant mes divers voyages au Caucase, il ne m'a jamais été possible de mesurer des individus de cette famille, mais un savant naturaliste russe, M. Smirnow, que la science a perdu récemment, avait bien voulu, sur ma prière, se charger de cette étude délicate à laquelle, du reste, je l'avais initié pendant un de mes séjours à Tiflis.

M. Smirnow a mesuré dix Kurdes des environs de Batoum. Ses observations fort minutieuses ont porté sur la tête, la face, le nez et la morphologie générale des sujets. Tous très bruns, de taille élevée, ils ont la face étroite et le nez long, saillant et abaissé. La tête porte des traces de fortes compressions inio-frontales et leur indice céphalométrique est de 88,70. Sur dix individus, six possèdent des indices supérieurs à 89; les autres dont les indices dépassent peu 88 (88,13 et 88,33) présentent des diamètres antéropostérieurs exceptionnellement supérieurs à 175 millimètres.

Ces particularités démontrent donc qu'il existe une affinité plus grande entre les Kurdes de Batoum et les Aïssores qu'avec les autres populations que nous leur avons comparées précédemment, sauf les Arméniens d'Ourmiah.

Il est cependant encore un autre groupe qui est voisin de celui que nous venons d'étudier, et qui est le plus brachycéphale de la région après lui, c'est celui des Lazes dont la place dans la famille caucasienne est discutable, et l'origine inconnue.

Lazes ou Adjares. — Ce groupe habite la vallée du Tchorok et les montagnes de l'Adjarie, sur le territoire russe, ainsi que la chaîne entière turque qui a reçu le nom de Lazistan, c'est-à-dire toute la région comprise entre Batoum, Trébizonde et Kerasund, sur la mer Noire. J'ai décrit autrefois 27 individus de cette famille[1]. Elle a été placée à côté des Gouriens et des Imères, dans la famille caucasienne Karthwélienne, parce qu'au point de vue ethnographique les Lazes ont quelques rapports avec ces derniers, et que leur idiome se rapproche de celui des Géorgiens, leurs voisins, et qu'enfin ils sont en partie chrétiens. Mais on a constaté depuis quelque temps qu'un grand nombre de Lazes étaient musulmans, et que les langues turque et grecque étaient encore plus répandues chez eux que le géorgien.

Quoi qu'il en soit, ils diffèrent considérablement des Georgiens au point de vue anthropométrique. S'ils peuvent partager aves les Mingreliens une réputation de beauté réelle, ils ne leur ressemblent pas. C'est ainsi qu'ils sont moins bruns que les autres peuples caucasiens et transcaucasiens, à part les Juifs d'Akhaltzikh auxquels ils peuvent se rattacher par la couleur des yeux. Ceux-ci souvent clairs passent du bleu au vert. Le nez mince et long donne un indice moyen de 64,45 (27 individus) identiques à celui des Chaldéens; la face est un peu plus courte, et pourtant voisine de celle des Juifs et des Chaldéens. L'indice céphalométrique se rapproche davantage encore des Chaldéens. Celui-ci est de 87,88, mais sur 27 sujets, quinze présentent des indices supérieurs à 87, parmi lesquels 8 dépassent 89,50 indice des Chaldéens et des Arméniens d'Ourmiah.

[1] Ernest Chantre, *Recherches anthropologiques dans le Caucase*, t. IV, p. 82 et 95.

Des comparaisons qui précèdent, et qui sont résumées dans le tableau ci-dessous, il ressort que les Aïssores présentent des affinités morphologiques incontestables, d'abord avec des peuples qui les avoisinent, ensuite avec d'autres qui habitent le nord de l'Arménie.

Indice céphalométrique des Aïssores comparé à ceux de quelques peuples de la Transcaucasie et du Kurdistan.

25	Arméniens de Tiflis . .	85,17	5	Kurdes d'Ourmiah. . .	86,60
15	— d'Erivan. . .	85,68	7	— de Van.	83,73
6	— d'Ourmiah. .	89,50	17	— de Bayazid. . .	81,27
4	Juifs d'Ourmiah. . . .	86,34	40	— d'Erivan et d'Igdir	84,22
34	— d'Akaltzikh. . . .	85,79	5	— de Batoum. . .	88,70
27	Lazes de Batoum. . . .	87,88	27	Aïssores.	89,50

Ainsi que le montre ce tableau, ce serait les Arméniens, les Kurdes et les Lazes de Batoum qui par leurs indices céphalométriques, et l'ensemble de leurs caractères morphologiques offriraient le plus de rapports avec les Aïssores. Ces rapports étant bien établis, il semble démontré que des liens de famille existent entre ces diverses populations.

C'est donc de ces Kasdims dont parlent les auteurs de l'antiquité que descendraient les Aïssores qui ont conservé leur nom primitif de Chaldéen, et semblent être les débris des célèbres Babyloniens. Les Kurdes et quelques groupes d'individus actuellement réunis les uns aux Arméniens, les autres aux Juifs ou aux Géorgiens, peuvent prétendre à une proche parenté avec les Kasdims, car Moïse nous apprend que Cased, leur premier chef était fils de Nachor, frère d'Abraham.

Mais comment, dira-t-on, attribuer une origine commune à des populations qui parlent des langues aussi différentes que les Aïssores, les Kurdes, les Arméniens, les Juifs et les Lazes et qui ont des croyances aussi dissemblables.

Je répondrai à ces objections qu'en Orient, plus que partout ailleurs, les distinctions ethniques basées sur les religions, quoique très sérieuses en apparence, ne peuvent entraîner qu'à des conclusions erronées. Tel peuple en effet qui était chrétien ou juif de naissance est aujourd'hui musulman comme cela se voit chez nombre de tribus kurdes et chez quelques groupes du Daghestan méridional, et même de l'Arménie septentrionale. On voit d'autre part des peuples musulmans de ces mêmes régions devenir peu à peu chrétiens, tout en gardant leurs langues, tels sont certains groupes sunites et yezides qui, devenant orthodoxes, ne persistent pas moins à parler soit le kurde, soit le turc de l'Aderbeidjan.

Cette langue, au reste, qui tend à supplanter, en Transcaucasie et en Asie Mineure, la plupart des idiomes qui s'y parlent, vient une fois de plus montrer combien sont peu solides les bases linguistiques, au seul nom desquelles on a voulu classer les populations de l'Asie occidentale.

Je résumerai ainsi cette question du classement des peuples brachycéphales, du nord de l'Arménie. Les Lazes ultra-brachycéphales sont pour le plus grand nombre musulmans, et parlent actuellement le tatar ou turc de l'Aderbeidjan. Ils étaient chrétiens autrefois et parlaient en partie l'idiome de leurs voisins Imères appartenant à la grande famille Karthwelienne, c'est pourquoi on en a fait des Karthweliens.

Des Aïssores qui parlaient en majorité un idiome syriaque qu'ils abandonnent peu à peu pour le turc de l'Aderbeidjan ou le russe, on a fait des sémites. Quant aux Juifs de la Transcaucasie, comme tous leurs coreligionnaires, ils parlent la langue du peuple dominant dans le pays où ils sont venus habiter. Ceux d'Akhaltzikh ont parlé autrefois le turc. Actuellement entourés de Géorgiens, d'Imères, de Go.riens et d'Arméniens, ils parlent facilement les langues de leurs voisins. Et combien d'autres faits analogues ne pourrait-on pas citer existant en Arménie. Dans ce pays des apports considérables de Juifs ont été faits à des époques historiquement connues, on n'en trouve presque plus de traces, ni au point de vue religieux, ni au point de vue linguistique. Le flot étranger s'est fondu dans la masse de la population avec laquelle existaient déjà des affinités. Les uns sont devenus peu à peu chrétiens, au milieu des Arméniens et en ont pris la langue, les autres se sont fusionnés avec les Kurdes, dont ils ont également pris les croyances et le langage. Ces faits rapportés par tous les chroniqueurs expliquent la persistance de certains caractères morphologiques que l'on constate chez la plupart de ces peuples auxquels on parviendra sans doute à reconnaître une origine commune probablement sémitique. En décrivant par la suite les Arméniens, les Juifs et les Kurdes de la Transcaucasie, j'aurai l'occasion de présenter des preuves surabondantes à l'appui des idées qui viennent d'être brièvement énumérées à propos des Aïssores ou Chaldéens.

FIN

Lyon. — Imp. PITRAT AÎNÉ, A. Rey, Successeur, 4, rue Gentil. — 3227

www.ingramcontent.com/pod-product-compliance
Lightning Source LLC
Chambersburg PA
CBHW060619050426
42451CB00012B/2325